宇宙人保育士が
伝える！

# 心[illegible]軽くなる
# 子と[illegible]関わり方



紀乃のりこ

ナナタコ社
nanatako

# はじめに

こんにちは、「宇宙人保育士」の紀《き》乃《の》のりこです。

この本を手に取ってくださり、ありがとうございます。

突然「宇宙人保育士」と言われて「え？　なに？　宇宙人保育士って？」と思った人も多いかと思います。

驚かせてしまい、ごめんなさい。

まずは、私の自己紹介を簡単にさせていただきますね。

私は「ちいはぐ」という名前の保育園を都内にいくつか創って経営している保育士です。

幼少期、私の母が自宅で子どもを預かるボランティア活動をしていたので、私は母の手伝いをしていました。

母は数日に渡って子どもを預かっていたこともあり、子どもの歯を磨いたり、一緒にお風呂に入ったり、夜泣きをすれば母と一緒に外へ気分転換の散歩をすることもありました。

母を手伝いながら、私の中に自然と「子どもをよく観る感性」が育ち、子どもが持っている力を発見することが増えていきました。

こんな話を聞くと、私自身の子育ても、とても楽しく順調だったように思われるのではないでしょうか?

実は、そうではありませんでした。

創業したばかりで仕事の量も多く、保育士でありながら「子育てがつらい」と思うことが何度もありました。

我が子が幼い頃は、常に全速力で走り続けていて、止まることもできないような状態でした。肩に力が入りっぱなしでイライラすることも「つらい」と感じることも多かったです。子どもは何も悪くないのに「もうムリ!!」と爆発することや、絶望的な気持ちになって、泣くこともありました。

あれから10数年。

今では我が子たちもすっかり大きくなり、それぞれ自分のことを自分でできるようになったので、私もゆとりが持てるようになりました。ですが、あの頃は心も体も忙しく、息をつく暇もありませんでした。

そんな私が「宇宙人保育士」と名乗りはじめた理由は、あるときふと「私は、地球の外から地球に来たのかもしれない」と思ったことからはじまりました。やがてそれは「きっとそうだ！」と確信的なものとなりました。

それから宇宙人に興味を持ち、いろいろと調べたり、聞いたりするうちに、私自身も宇宙人だということがストンと腑に落ちたのです。


さらに「きっと、私と同じように、地球の外から来た子どもがいるよね」と思い「この子は、もしかしたら宇宙人かもしれない」という宇宙的視点が、お父さん、お母さんや保育士たちなど、子どもに関わる大人たちの心をちょっと軽くしてくれるかもしれないと思いました。

「大人の気持ちが軽くなって、子どもたちにさらにのびのびと成長して欲しい！」

「そのために私は〝宇宙人保育士〟と名乗ろう！」

と決めたのです。


そして、ある日突然、宇宙から「これからあなたみたいな宇宙人がたくさん地球に生まれるからよろしくね〜！」というメッセージが聞こえました。

当時は、「どういうこと？」と思いましたが、今は、はっきりとわかります。
地球の外から地球に来る子の多くは、地球のことがよくわからなくて違和感を持ちがちです。そんな子に私は「地球ってこんな星なんだよ、戸惑うことも多いけれど、この地球で自分らしい生き方を一緒に見つけていこうね」と伝えています。

こんな私だからこそ、子どもたちに関わっているみなさんに「肩の力を抜いても大丈夫。大人がラクになると、子どももラクになれて地球で幸せに生きていけます」と伝えたいのです。

お父さん、お母さん、そして保育士など、子どもに関わる大人たちがあたたかい気持ちで子どもと関われますように。子どもの周りにもっと笑顔が増えますように。

みなさんをちいさくハグしたくて、心を込めてこの本を書きました。

紀乃のりこ

宇宙人保育士が伝える！
# 心がちょっと軽くなる子どもとの関わり方

## Contents

# この本の見方

本書は、３部構成になっています。
PART1 は、著者の紀乃のりこが提唱する「宇宙的な子どもとの関わり方」とはどんなものかを知るページです。
PART2 では、自分の感情に寄り添う重要性に触れています。
PART3 は、イライラしたときにすぐに使える実践編を紹介しています。
３ステップでできてしまう簡単なものばかりですのでぜひ、やってみてください。

便宜上、ママに語りかけるようにしている場面が多いですが、子どもに関わる人、みんなに向けて書いています。読んだ人たちの肩の力が少しでも抜けて、楽しく子どもたちと触れあればと思います。
もちろん、気になるテーマだけの飛ばし読みもできます。

## PART1 宇宙保育ってなに？

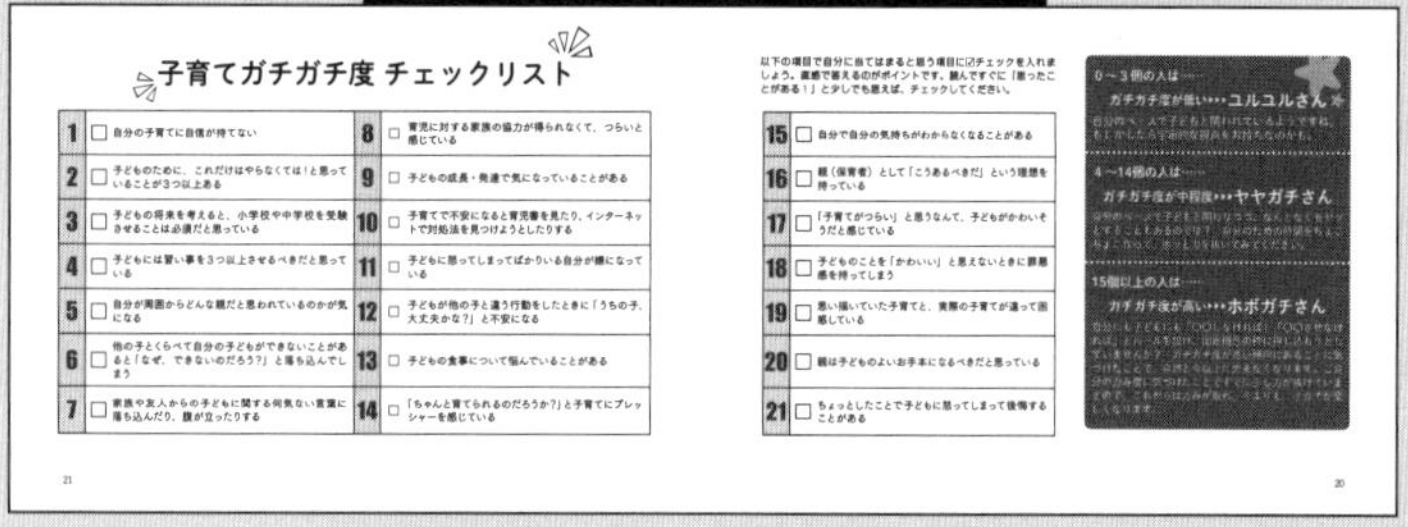


育児でガチガチになっちゃった人が肩の力を抜いてラクになる考え方を紹介します。自分の状態がわかるチェックリストもあります。

## PART2 子育て感情ってなに？

子育てには自分の感情と向き合うことがとても大切です。時間がないときでも読めるように絵本のようにしています。

## PART3 実践編

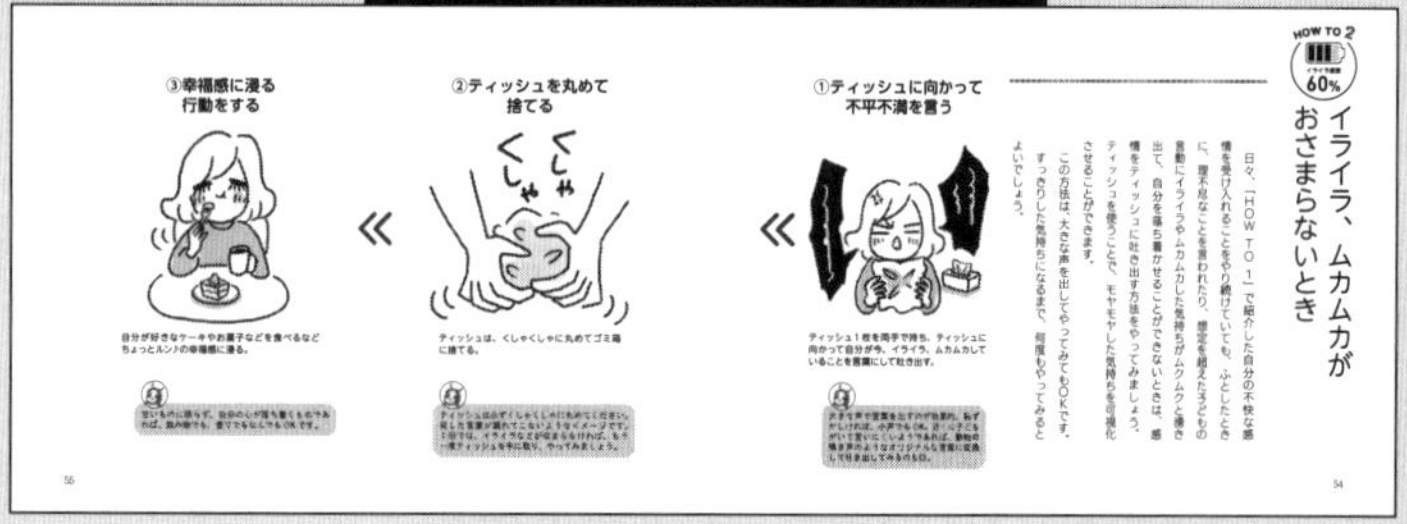


3STEP で終わる簡単な方法ばかり。自分の怒りのバロメーター付きです。

イメージキャラクター
kino ちゃん

# PART1
# 宇宙的な子どもとの関わり方ってなに？

WHAT?

宇宙的な子どもとの関わり方？　なんだか不思議な言葉ですよね？
実は子どもに関わる人たちにとっては、とても大事なキーワードなんです。
ゆっくり、ひも解いていきましょう！

# 子育ては「放牧」をイメージする

突然ですが、「子育てってつらい……」って思ったことありませんか？

具体的に何がどうつらいというよりも、日々なんとなく「子育てがつらいんです」という悩みを持たれている人、意外と多いんです。

そういう人に私は声を大にして言いたいです。

**子育て、つらいですよね！**

眠たいのに寝ない、言葉が通じない、何をしても泣き続ける、何を言っても「ヤダっ！」と怒る、そんな子どもと長時間、一緒にいるのですから、つらいと感じるのも当然です。

「子育てがつらい」という状況を宇宙的な視点で見ると、「枠」という言葉がキーワードとして出てきます。

**多くの大人は、無意識に自分の中に「自分の常識」という枠を作り、その枠から外れる行動を、できるだけしないようにしながら生活しています。**これに対し、子どもは、まだ自分の常識の枠ができていない状態なので、大人の常識では想像できない行動を起こしたり、言葉を発したりします。

多くの大人は、日々、そのような子どもの行動や言動に対してどう反応してよいかがわからず、漠然とした「子育てのつらさ」を感じるようになります。

実は、私も**「保育で学んできたことを、我が子に対してもするべきだ」**という枠を持っていました。

認可保育園は、行政が子どもたちの命を守るために運営の基準を定めています。たとえば0歳児は、睡眠中は5分に1回、呼吸と体勢を確認することを必須としています。私は我が子に対しても、このような保育の基準と同じことをしなければならないと思っていたので、5分に1回の呼吸確認をしようとがんばっていました。

今、冷静に考えると「そんなことしていたら、寝られないし、しんどいよね」と思いますが、当時は、初めての子育てということもあり、母親なのだから「しっかり育てなくてはいけない！」と自分が作った枠から外れないようにと必死になり、いつしか「子育てがつらい」と思うようになっていました。

そんな私がラクになれたのは、自分の枠に気づき、**「子育ては〝放牧〟と思うくらいがちょうどいい」**と思えるようになったからでした。

この「放牧」とは、子どもを「放ったらかし」にすることではありません。**大人が子どもと関わるうえで、ちょうどよいバランスを示す言葉と思っていただけたら嬉しいです。**

「枠」＝「柵」と考えたときに、逃げ出さないように閉じ込めたりするための柵ではなく、外敵からの侵入を防ぎ、自由が確保できる場として考えました。

柵はあるものの、自由を感じられる広々とした場所で、生きていくために必要な水や栄養が十分に用意された安全な場所……。子どもと関わる大人が、子どもに対し、過干渉にも放ったらかしにもなりすぎない状態。

これが私の考える大人と子どもの関わり方の理想のバランス、つまり「放牧」の状態です。

できるだけ安全な環境の中で、放牧的に子どもを見守っていると、**子どもは、心身ともにのびのびと育ちます。**

子どもへの影響だけでなく、子育てに関わる大人たちが子ども自身が持って生まれてきた「生きる力」や、その子の「才能」にも気がつきやすくなります。

**その気づきによって、子どもを信じる気持ちや、子どもを誇らしく思う気持ちが増えていきます。**

さらに子どもは、大人に信じてもらい、肯定してもらうことで、自分の中に自分で「自信」を育んでいきます。

こんなふうに放牧のイメージで子どもと関わるといいことが増えていきます。

それなのに大人は、つい自分で作った自分の枠（柵）の中に、子どもを閉じ込めようとしてしまいがちです。「今すぐ、食べて！」「時間だから、寝て！」「今は、このおもちゃで遊んで！」というふうに大人が決めてばかりいては、子どもは自由を感じられず、子ども自身が自分のことがわからなくなってしまいます。

自分の枠（柵）に気づくことで、子どもが自由を感じ、大人も楽しめる子育て法として私は**「放牧型育児」**をおすすめします。

# 「子育て」を「子育ッテル」に置き換えてみよう

「子育て」という言葉には、主語が隠れています。正しくは「**大人が**子育てをする」＝「子育て」です。

もしかしたら「子育て」という言葉が、子どもに関わる大人たちに「**私が**子どもをきちんと育てなくては！」というプレッシャーを与えているのかもしれないな、と考えてみました。

私たち大人が「子どもは何もわかっていないから、あれもこれも教えなくては！」という気持ちになることが、大人も子どもも不自由さを感じる原因となってしまっているようにも感じます。

私は、大人たちがもっと肩の力を抜いて子どもたちと関われるように「子育て」という言葉の造語として、大人ではなく、子どもが主語になる、「**子どもが**育っている」という意味合いで**「子育ッテル」**という言葉を作りました。

もちろん「子育て」という言葉は、これからも便宜的に日常の会話の中で、違和感もなく使われていくと思います。もし、「子育てがつらい」と感じているようであれば、「子育て」という言葉を見たり聞いたりしたときに、この「子育ッテル」という不思議な言葉を思い出してください。

同時に「大丈夫。**子どもが**育っているから、大丈夫」と心の中でつぶやいてみてください。

すると自分で気づかないうちに作り上げてきた「**私が**子どもをちゃんと育てなければ！」という頑丈なしばりの枠（柵）が緩んで、不思議と肩の力が抜けるかと思います。

そもそも地球では、先に生まれた大人のほうが子どもにくらべて経験が豊富で、できることが多いので、優れていると感じるかもしれませんが、宇宙の視点で見るとちょっと違う見方もできます。

**宇宙では、年齢よりも精神性の質が優先されるので、先に生まれて知識や経験が豊富なこと＝すべてにおいて優れていることにはつながりません。**

また、年齢も宇宙的なちょっと不思議な視点で見ると、子どもとの関わりがさらに豊かになります。

それは、我が子が、地球で生まれる前に宇宙のどこかの星で先に生まれていて輪廻転生で今回は地球に生まれてきた可能性がある、つまり、大人の私たちよりも、子どものほうが年上の可能性があるという視点です。

**「地球での年齢は私のほうが上だけれど、もしかしたら、この子のほうが年上かもしれない……」と想像してみると、この宇宙的視点の面白さを感じられると思います。**

実際、私自身も「私より、子どものほうが年上だな」と感じることも多々あります。

たとえば、「ちいはぐ」保育園を創設した当時の私は、さまざまなことに悩んでいました。そこで、まだ幼かった息子（5歳）と娘（3歳）に私よりも、年上かもしれないという宇宙的視点で、相談してみました。

「かあさんは、社員さんたちに、もっと幸せになって欲しいんだけど、どうしたらいいと思う？」

息子と娘は「そんなの、カンタンだよ」とニコニコしながら、それぞれ、こう答えてくれました。

娘「お金とお休みをいっぱいあげて」
息子「かあさんが、笑っていればいいんだよ」

私は娘の地球的（常識的）な回答に笑い、息子の宇宙的（達観した発想）な回答に「あぁ、私、笑ってなかったな」と涙があふれて肩の力が抜け、心が軽くなりました。

**「大人がすべてを教えなくては！」と力まなくてもいい**

**んです。**

**子どもから教えてもらえることも多々あります。**

もし、まだ、幼い子どもに悩みなんて相談できないと思われるようであれば、日頃なんとなく疑問に思っていることを聞いてみてください。

たとえば「空はなぜ青いのかなあ?」などでもよいでしょう。

こんなふうに子どもに質問をしてみると、意外な答えが返って来ることがあります。大人と子どもでお互いに教え合えば、子どもの成長とともにコミュニケーションも豊かになり、楽しくなっていきます。

# 力んでいることに気がつくと世界が変わる

責任感をしっかり持って、子育てを一生懸命がんばっていると、育児書を何冊も読んだり、インターネットで子育てに必要な情報を調べたりしていると思います。また、家族や友人に相談して、自分の考えと真反対の意見だったときには、困惑することもあるのではないでしょうか？

**親として「子どもを立派に育てなくてはいけない！」と力みすぎていると、子どもも緊張して力が入りがちになります。**

子どもには、「緊張感」よりも、親に見守ってもらえているという「安心感」が必要です。

私は、この見守ってもらえているという安心感は、親や子どもに関わる人たちからの

あたたかい**「まなざし」**

やさしい**「ほほえみ」**

肯定の**「うなずき」**

から得られると考えています。

ですので、この3つの言葉の頭文字をとって、子どもには「まほう」が大切だと覚えて欲しいです。

まるで肩こりのように肩の力がガチガチに入りすぎた状態、つまり親が緊張している状態だと、この「まほう」を子どもにプレゼントすることは難しいです。

P10で紹介した「放牧型育児」の考え方に至るまでは、私も、いわゆる肩に力が入りすぎた親でした。

「ちゃんとした親でいたい」と力み、他の親とくらべて劣等感を持ち、「こんな親じゃダメだ」、「子どものために、もっとがんばらなくては！」と、さらに力みを強くさせていました。

肩の力が入っている自覚があるときは、まだ対処ができます。でも、がんばりすぎて肩の力が入りすぎていることに気がつけずに、漠然と「子育てがつらい」と感じている人もたくさんいるのではないでしょうか。

そんな人はまず、自分の心をちょっと軽くするための第一歩として、次ページの「子育てガチガチ度チェックリスト」をやってみましょう。簡単な21個の質問に答えていくだけなので、1分程度でチェックできます。**ポイントは深く考えず、時間をかけずに直感で答えること。**

自分がどのくらい力んでいるかを知ることで、自分のことが見えてくるので、ぜひやってみてください。

以下の21項目で自分に当てはまると思う項目に☑チェックを入れましょう。直感で答えるのがポイントです。読んですぐに「思ったことがある！」と少しでも思えば、チェックしてください。

| | |
|---|---|
| 15 | □ 自分で自分の気持ちがわからなくなることがある |
| 16 | □ 親（大人）として「こうあるべきだ」という理想を持っていて、現実とは違う自分が嫌だ |
| 17 | □ 「子育てがつらい」と思うなんて、子どもがかわいそうだと思っている |
| 18 | □ 子どものことを「かわいい」と思えないときに罪悪感を持ってしまう |
| 19 | □ 思い描いていた子育てと、実際の子育てが違って困惑している |
| 20 | □ 親は子どものよいお手本になるべきだと思っている |
| 21 | □ ちょっとしたことで子どもに怒ってしまって後悔することが多い |

0～3個の人は……

**ガチガチ度が低い▸▸▸ユルユルさん**

自分のペースで子どもと関われているようですね。もしかしたら宇宙的な視点をお持ちなのかも。

4～14個の人は……

**ガチガチ度が中程度▸▸▸ヤヤガチさん**

自分のペースで子どもと関わりつつ、なんとなくモヤッとすることもあるのでは？　自分のための時間をちょこちょこ作って、ホッと力を抜いてみてください。

15個以上の人は……

**ガチガチ度が高い▸▸▸ホボガチさん**

自分にも子どもにも「○○しなければ」「○○させなければ」とルールを設け、固定概念の枠に押し込もうとしていませんか？　ガチガチ度が高い傾向にあることに気づけたことで、自然と今以上に力まなくなります。ご自分の力み度に気づけたことですでに少し力が抜けていますので、これからは力みが取れ、今よりも、子育てが楽しくなります。

# 子育てガチガチ度 チェックリスト

| | | | |
|---|---|---|---|
| 1 | □ 自分の子育てに自信が持てない | 8 | □ 育児に対する家族の協力が得られなくて、つらいと感じている |
| 2 | □ 子どものために、これだけはやらなくては！と思っていることが3つ以上ある | 9 | □ 子どもの成長・発達で気になっていることがある |
| 3 | □ 子どもの将来を考えると、小学校や中学校を受験させることは必須だと思っている | 10 | □ 子育てで不安になると育児書やインターネットで対処法を見つけようと答え探しをする |
| 4 | □ 子どもには習い事を3つ以上させるべきだと思っている | 11 | □ 子どもに怒ってしまってばかりいる自分が嫌になっている |
| 5 | □ 自分が周囲からどんな親だと思われているのかが気になる | 12 | □ 子どもが他の子と違う行動をしたときに「うちの子、大丈夫かな？」と不安になる |
| 6 | □ 他の子とくらべて自分の子どもができないことがあると「なぜ、できないのだろう？」と落ち込んでしまう | 13 | □ 子どもの食事について悩んでいることがある |
| 7 | □ 家族や友人からの子どもに関する何気ない言葉に落ち込んだり、腹が立ったりする | 14 | □ 「ちゃんと育てられるのだろうか？」と子育てにプレッシャーを感じている |

# 古い文化を捨てて子どもの未来の文化を見る

「あなたの親が子どもだった頃と、あなたが子どもだった頃で、子どもを取り巻く環境や文化は同じでしたか？」と聞かれたら、みなさんは「いいえ」と答えるかと思います。親子で大体20年以上の年の差があるので、今の子どもを取り巻く環境や文化は、あなたが子どもの頃とは異なります。

子どもを取り巻く環境や文化は、常に時代とともに変化していて、これに合わせて大人も子どもとの関わり方を変えていくのが理想です。しかし、大人は自分が育ててもらった経験を参考に子育てをしていくので、その方法をなかなか簡単には変えられないのが現状です。

**こうして私たち大人は、知らず知らずのうちに、自分の親から受け継いだことをベースにし、自分が育てられたように、子どもを育てる傾向にあります。**

大人の中には、自分の経験をベースとした「子育てはこうするもの」という固定概念の枠があるとイメージしてみてください。「今の時代に合った子どもとの関わり方」を取り入れるうえで、この枠が邪魔になっているとしたら、外したほうがよいですよね。

では、どんな固定概念の枠があるのかを「食事」「性別・年齢」「お金」の3つの例で、日本の文化や価値観の変化と合わせて見ていきましょう。

## ①食事

「好き嫌いはダメ！」

この言葉は、子どもの頃に親から言われたり、現在、自分の子どもに言っている人も多いかと思います。

戦後の食べものが少なかった時代では、食べられるものは好き嫌いなく食べないと栄養不足になり、生きていくためには、「残さず食べること」が重要でした。

P25の図は、30年前、現在、10年後の子育てにおける食事の変化を表したものです。この表の現在の日本の食事を取り巻く環境を見てみると、コンビニやデリバリーなども充実し、お金があれば、食べたいときに食べたい物を食べられます。そんな時代に「好き嫌いをせずに食事を食べること」は、そこまで重要でしょうか？

なぜ現代でも「好き嫌いはダメ！」と子どもに言うのでしょうか。たとえば、ピーマンが嫌いな子どもにピーマンを必死に食べさせようとする必要はあるのでしょうか？

それは、「自分が子どもの頃に大人に言われたから」という理由がひとつあげられます。昔、自分が親に言われた「好き嫌いはダメ！」という言葉を**自分の子どもにも言わなければいけないという、見えない固定概念の枠があるのです。**

この言葉、自分が子どもの頃は大人から言われて不快だったはずなのに、親になった今は子どもを不快にさせても子どもには「好き嫌いをしないこと」が必要だと思い込み、がんばって食べさせようとしてしまうのです。

こんなふうに、**子どもの頃に経験した親との関わり方を、つい真似してしまうので、意識的にやめないと現代の子どもに合わない関わり方を続けてしまうのです。**

他にも「食べる量が少ない」「食事中に遊んでしまう」など、子どもの食事に関する悩みはとても多いです。これらの子どもの食事に関する悩みは、子どもの視点で見てみると解決することも多いです。

「出された食事を全部食べたほうがよい」と決めているのは大人です。専門家が算出した栄養基準などの根拠があるのかもしれませんが、それも含めて、子どもからみたら、多くは大人の都合なのです。

**子どもは、今の自分に必要な栄養素と、その量を本能**

**的に知っています。なので、たくさん食べる日もあれば、まったく食べない日もあるのは、自然なことです。**

食べる量が少なくても、食べないものがあっても、子どもが元気に遊び、睡眠が充分に取れているなら、ひとまずは、それでOKです。

誤解をして欲しくないのですが、これは「食べものを粗末に扱ってもよい」ということではありません。

**「今は、いらない」と言っている子どもに対して「少し食べてみない？」と促すことはよくても、無理をして必死に食べさせようとするのは、少し違う気がします。**

無理強いをすると、大人も子どももつらくなりますので、関わり方を変えてみるとよいでしょう。

**おすすめは、子どもが苦手な食材も、ちょっとだけお皿にのせて食事を出すこと。**

**幼い子どもは、味覚もどんどん成長していきます。「嫌い」で食べなかった食材も、ある日、突然「好き」になって食べることがあります。**もちろんその逆もあります。

大人が「今日は食べてくれたらいいな。無理に食べなくてもOK」。そんな、あたたかいまなざしで子どもを見守ることができたら、大人も子どももストレスが減って、子どもとの関わりが穏やかになります。

# 日本の変化を見てみよう！

## —食事の変化—

| 時代／環境や意識 | 30年前 | 現在（2023年） | 10年後（未来予測） |
|---|---|---|---|
| 食事を取り巻く環境 | インスタント食品が広く普及、多忙な生活スタイルに合わせて手軽に調理できることから、多くの人々が利用するようになった。また、ファストフードチェーン店、コンビニエンスストアが急速に増加した。 | コンビニエンスストアが増え、デリバリーサービスも充実して、お金があれば、食べたいものを食べたいときに食べられる。一方、子どもの貧困も増加し、6人に1人の子どもが相対的に貧困状態で充分な食事が取れていない。 | 流通する食料（原料）が変わっていく。20～21世紀では食用としていなかった食料もアレンジされて食料となっていく（古代、食料とされていたものが徐々に食料として再度扱われるようになる）。 |
| 食事に対する意識 | まだ戦後の食糧難の時代の影響も受け続けていて、好き嫌いなく、残さず全部食べることが大事。 | 食物アレルギーの社会認知、SDGsの浸透などで、食事の強要が少なくなって来ている。 | 自分の体に合った食事を自分の体に合った量だけを食べることが大事。そのためには自分の体のことを知ることが大切。 |

## ②性別・年齢

男の子がスカートを履くことや、女の子が自分のことを「俺」と言ったり、胡坐《あぐら》で座ったりすることに嫌悪感を持つ人もいます。この嫌悪感を生じさせているのは「男は、女は、こうあるべき」という固定概念の枠です。

大人は子どもに対して、性別や年齢で自分の固定概念の枠の中に入れようとしてしまうことがあります。

たとえば「男の子でしょ！　泣かないの！」とか「お姉ちゃんなんだから、我慢しなさい！」と言ったり、聞いたりすることがあるかと思います。

これらの言葉は、**子どもの中に「なぜ？」「なんで？」といった不納得を生み、これが大きくなると大人に対して不信感を持つようになりがちです。**

男の子も泣いていいし、我慢しなくてはいけない理由は、お兄ちゃんやお姉ちゃんだから、ではないですよね。

**今の時代の特徴のひとつに「多様性」があります。**

性別に関しても、一般的なアンケートには「男性」「女性」「その他」という選択肢が見られ、公衆トイレも「男性用」「女性用」の他に「ジェンダーレス用トイレ」の設置も増えてきました。現代は、「男は男らしく、女は女らしく」という考えが徐々に薄くなってきています。

# 日本の変化を見てみよう！

## —性別（ジェンダー）の捉え方の変化—

| 環境や意識＼時代 | 30年前 | 現在（2023年） | 10年後（未来予測） |
|---|---|---|---|
| 性別に対する情勢 | 多くの家庭では、父親が働き、母親が主に家庭と子育てを担当するという伝統的な役割分担が依然として見られた。 | 男女雇用機会均等が浸透し、夫婦（両親）共働き家庭が大多数となった。 | 男女という区分（区分け）が曖昧になっていく。体の特徴はすぐには変わらないけれど、精神的な区分けはなくなっていく。 |
| 性別に対する意識 | 男の子は（泣かないで）心身ともに強くなれ、女の子は（でしゃばらず）おしとやかに大人しくなど、男女の精神面の育て方を分ける。 | 社会情勢の高まり、ライフスタイルの変化の影響で性別の分け方がなくなりつつある。男女らしさの容姿、精神面の境界も少なくなっている。 | 身体的特徴に合わせた体の使い方の情報を伝えることは変わらないが、精神面の育て方においては男女の区分け方はほとんどなくなっていく。 |

## —お金の捉え方の変化—

| 環境や意識＼時代 | 40～50年前 | 現在（2023年） | 10年後（未来予測） |
|---|---|---|---|
| お金に対する情勢 | 現在とくらべると預金の金利が高い。 | 40～50年前とくらべると預金の金利が低い。 | 預金の金利は低いままと思われる。 |
| お金に対する意識 | お金は金利がついて増えるから銀行に預金する。 | 昭和世代は、預金志向が強く残るが、若い世代は投資志向が徐々に浸透しつつある。 | お金を銀行に預けても、金利には期待できない。銀行預金よりもお金が増える方法として投資を学ぶことが当たり前となる。 |

## ③お金

お金についても親の考え方を引き継ぐ傾向があります。

日本には「お金の話はしないほうがいい」という文化もあるので、親とお金の話をしたことがない人も多いかと思います。しかしながら、**お金の話をしなくても、親のお金に対する考え方が引き継がれることも多いのです。**

親がお金をよくないものと考えていると、子どももお金をよくないものと思うようになりがちです。親がお金に苦労する姿を見ながら育つと「お金は（親を苦しめる）悪者」と思うこともあります。

また、親が「お金を儲けることは悪いこと」と考えていると、子どもも同じ考え方を持ち、無意識に儲ける人になることに抵抗を持つようにもなります。

最近、少し見直されてきていますが、日本の学校教育では、お金の使い方や増やし方を学ぶ機会は少ないです。

そのため、**子どもは親のお金に対する考え方の影響を受けやすく、お金に関しても古い情報が入りがちです。**

たとえば「お金は貯金しなさい」という教え。これは1980年代の金利が高かった頃の話です。金利が当時の10分の1程度に下がった現代では、貯金しておいても、お金は増えず、手数料のほうが大きくなることもあります。

今の子どもたちに「貯金しなさい」と教えるのは適切ではなく、むしろ物価の上昇を考えると「貯金しても金利は増えないよ」と教え、貯金ではなく投資などでお金を増やす方法もあると子どもに伝えることが必要です。

**子どもに関わる大人が、「お金は、よくないもの」というイメージを変えて、子どもと一緒にお金との付き合い方を勉強できるとよいですね。**

私は家族で気兼ねなくお金の話をしたり、子どもが幼い頃から自分でお金を使う機会を増やしたりすることで、子どもがお金を身近に感じられたらいいなと思っています。

たとえば、お店屋さんごっこでは、レジでお会計をするシーンでこんな工夫もできます。店員役であれば「596円です。お客様、小銭が不足しています、1円玉はお持ちでしょうか?」などと言って、1円玉の重要性を感じてもらったり、客役の場合は、「お釣りが足りませんよ」と言ってみるのも楽しいですよ。

**きっとお金に対する親近感や、お金を大切に扱おうという意識が子どもの中に育っていくと思います。**

我が家では、お金を身近に感じる経験として、子どもが「おかし買って〜！」と言い出したのをきっかけに子どもに500円以下のものを選ぶように伝え、幼児期の発達目標のひとつ「数字に興味を持つ」ことを促しました。子どもはわからないながらも、なんとか選ぼうとします。

子どもが買うものを選んだら、レジで500円玉を渡して、実際のお会計を体験してもらいます。

だんだん賢くなると足し算を覚え、いくつかの商品を組み合わせて購入できるようにもなりました。さらに500円ギリギリまで買おうとすると、消費税がプラスされて買えないことも体験し、消費税についても興味を持ってもらえました。

現在、中学生・高校生になった子どもたちは、お金に対し、悪いイメージをほとんど持たずに育っています。生活費、学費、投資、税金など、お金に関するさまざまなことを子どもと普通に話せる関係なので、時代に合った子どもとの関わり方ができていると思っています。

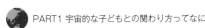

# 子どもは自分で決める力を持っている

現代の日本の保育では、「自主性」と「主体性」を育むことを大切にしています。

「自主性」と「主体性」、互いに似た言葉ですが、意味は微妙に異なります。私は**自主性とは「すでに、やる、やるべき、と決まっていることを自ら進んで取り組むこと」、主体性とは「こうしたほうがよいと思うことを自ら見つけ、工夫しながら取り組むこと」**と解釈しています。

たとえば、外に出るときには靴を履く、外から帰ってきたら靴を脱いで手を洗うなど、生活で「やる」と決まっていることがいくつかあります。これらを、大人に「靴を履いてね」「手を洗ってね」と言われなくても子どもが自分からやろうとするのが自主性です。

一方、主体性は、落ちているゴミを拾ってゴミ箱に捨てる、順番待ちをしているときに友達に順番をゆずる、複数のおもちゃを組み合わせて遊ぶ、ゲームのルールを変えながらより楽しく遊ぶ、このような行動が主体性です。

現代の子どもたちは、進学や就職などでも「自分で決めること」が求められます。幼いうちに自分で決める力を発揮しないまま、そのときを迎えると「自分で決めなさい」と言われても、どうやって決めたらよいのかわからなくなりがちです。

仕事においても自主性はもちろんのこと、主体性もある「自分で考えて仕事に取り組める人」を求める声が多く聞かれるようになりました。決まった仕事をこなすだけでなく、会社がさらによくなるように自ら考えて、工夫しながら仕事に取り組める社会人が求められています。

これからの時代に適応できるように、幼いうちから自主性と主体性を育んでおく必要があります。

「うちの子、優柔不断だから自分で決められないのでは？」などと不安になるかもしれませんが、大丈夫です。**多くの子どもは、自分で決める力を持っています。**

子どもが自分で決めても大丈夫な場面では、子どもが自分で決める力を発揮させてあげましょう。

たとえば私たちの「ちいはぐ」保育園では幼いうちから「自分で決めること」に慣れておけるように、子どもが自分の好き嫌いを知っていくことを大切にしています。

「自分軸が大事」という言葉をよく聞きますが、**この自分軸を簡単にいうならば、私は、「自分の中の好き嫌いを判断する軸」だと思っています。**「好き嫌い」は、何かを決めるときの判断の基準になります。
変化が速い今の時代の中で「自分で決める」ことを求められながら、幸せに生きていくためには、子どもが自分の「好き嫌い」を知っておくことが大切なのです。
子どもが自分の好き嫌いを知る方法については、P58に詳しく書いています。

コラム

## 「つ」がつくまでは膝の上（10歳節目論）

子どもの年齢を数えるときに、3つ、5つ、8つなど数字の次に「つ」がつくうちは、膝の上にのせて育てるような気持ちで関わりましょう、という日本の子育ての考え方があります。

つまり10歳までは大人のそばで大人の価値観を見て学ぶ時期、この時期に大人は少しずつ子どもの自律を促して、10歳になったら膝の上から離すかのように、自立した人と人同士として膝を向き合わせて関わるとよいよ、というのが私が先人の教えをリメイクした「10歳節目論」です。

ちなみに私は、我が子が10歳になったときに「10歳のお誕生日おめでとう！」「私も、お母さん卒業おめでとう！」と言いました。

実際には母親のままなのですが、「今日から、関わり方を変えるよ」と自分にも節目をつけるための宣言でした。

具体的には、24時間体制のお母さんだったのを、6時開店＆22時閉店の16時間体制に変えることで、我が子たちに「人には都合があり、自分で考えて、人の都合と折り合いをつけながら頼っていくことが大事」ということを実践しながら学んでもらいました（もちろん緊急時は閉店後でも対応します）。

子どもたちは、この体験を通して、いつでも母親にやってもらえることが、当たり前ではないということが実感でき、「お願いします」と「ありがとう」が言えるようになったり、自分で決めたことの結果は、自分が引き受ける、という意識が持てるようになったと感じています。

PART2
# 子どもと関わるときの感情について

# FEELINGS

つい子どもを怒ってしまったり、不安になったりなどしていませんか？
心穏やかに子どもの成長を見守るには「自分の感情を受け入れる」がキーワードです。

# 穏やかな気持ちでいるために感情を知ることからはじめよう

ＰＡＲＴ１の冒頭でも触れたように、私は「子育てがつらいです」という相談を受けます。中には具体的な解決方法を教えて欲しい、という相談もありますが漠然とした「子育てがつらい悩み」を抱えている人は、とても多いです。

**子育てがつらいと感じている人の半数以上が、つらいと思うこと自体がダメなことだと思っています。**

「我が子への愛情が足りないのではないか」、「親として失格なんじゃないか」と自分自身にダメ出しをして自分で自分を苦しめています。

この「子育てがつらいと思うことはダメなこと」という思い込み（感情）とは、今日でお別れしましょう。

というのも、感情は生きていれば自然と湧いてくるものです。

**感情は「快」と「不快」などに分けられますが「良い（正しい）」「悪い（間違い）」といった概念は存在しません。良い、悪いという概念は、感情ではなく、感情をもとに人が起こす行動から起こります。**

つまり、心の中で嫌悪や怒りを感じること自体は悪いことではないのです。

多くの人は、感情と行動を分けずに混ぜて考えがちです。「子育てがつらいと思ってしまう自分が悪い」というのは、感情にも良し悪しがあると勘違いしているのです。

たとえば、電車に乗っているときに我が子が泣き出して、あの手この手で機嫌を直して泣き止んでもらおうとしても泣き止まないときに「どうして泣き止んでくれないの?」「早く泣き止んで!」と思ったとします。

子どもの泣き声に対する周囲の人の視線も痛くて、子どもにも周囲の人からも責められているような気がして、「いい加減にして!」とだんだんイライラが湧いてくる……。

さて、このイライラすることは、良いことでしょうか、悪いことでしょうか?

この場面でイライラするのは**良いことでも、悪いことでも、ありません。**

理由は、自分の心の中に湧いた怒りの感情を感じただけで、誰にも危害を加えていないからです。

このイライラしたときに「いいかげん、泣き止みなさい!」と声に出して怒鳴ったり、子どもを叩いたりしたら、それは不適切な（悪い）行動です。

一生懸命、子育てをがんばっている人は、心の中で、我が子に対して、不快な感情を抱いたときに「こんなひどいことを思ってしまうなんて……。私はダメな親だ」と自分を責めてしまいがちです。

特に物事に対して真面目に向き合うことができる、がんばり屋さんタイプの人ほど「ひどいことを思う私は間違っている！　正さなくては！」と、さらに自分を戒《いまし》めて、どんどん自分に厳しくなる傾向にあります。

感情に対して「良い」「悪い」のジャッジをすると、自分を責めて、それによってまた不快な感情が湧いてきて……と負のループにはまり、どんどん不快になって子育てが楽しくなくなります。やがて漠然とした「子育てがつらい」という悩みになっていきます。

では、どうしたらよいのでしょうか？

それは、**感情に対して「良い」「悪い」のジャッジをするのをやめて、自分の中から湧いてきた感情を、そのまま素直に感じて受け入れるようにすることです。**

自分の感情を、湧いてくるままに感じて、受け入れてあげると、だんだん見える世界が変わっていきます。

感情を受け入れる具体的な方法はＰ52から紹介してい

ます。

さきほどの電車の中で、我が子が泣き止まない場面の例に話を戻します。

この場面を今度は宇宙的視点で見てみると、子どもが大人から見て特に理由なく、突然泣き出すのは、宇宙からのお知らせをキャッチしたからかも、と思えます。

不思議な話になりますが、「この電車に乗っていないほうがいいよ〜」とか「次の駅で降りるとラッキーなことがあるよ〜」とか、何かしらの宇宙からのお知らせを子どもがキャッチして、それを泣いて教えてくれることもあるのです。

もし、子どもが特に理由もなく突然、泣き出したときには、泣き止ませなくてはと困っているという状況にのみフォーカスせず、もしかしたら宇宙からのお知らせをキャッチしたのかもしれないという視点でも見て「宇宙が、一度、電車を降りたほうがよいと教えてくれたんだね〜、ありがと〜」と感謝したり、「次の駅で一度、下車したらどんなラッキーなことがあるのかな?」と捉えてみるのもよいでしょう。

ただし、子どもの体調に異変がないか、充分に確認をしてあげてくださいね。

# 感情の種類は大きく分けて6つ

アメリカの心理学者ロバート・プルチック氏が1980年に発表した「感情の輪」によると、人の感情は、基本の感情として喜び、期待、怒り、嫌悪、悲しみ、驚き、恐れ、信頼の8つがあり、そこからさらに二次、三次の応用感情に8つずつ、合計24個に分けられるそうです。ずいぶんと細分化されているんですね。

多くの人は、喜びなどの快な感情を好み、悲しみなどの不快な感情を避けようとします。不快なので避けたくなるのは当然のことなのですが、心にとっては、どちらも大切な感情です。特に不快な感情を大切にすることを意識すると、子育ての悩みが自然と解消されていくこともあります。

幼い子を育てていると、毎日忙しくて、自分の感情をないがしろにしがちです。自分の感情と向き合って、受け入れてあげないと不快な感情が消えずに心の中に溜まり、爆発してしまうこともあります。自分の感情と向き合い、受け入れやすくなるように、ピックアップした6つの感情をキャラクター化したものが左の図です。

知ってもらいたい!! 

# 6つの感情

## 快な感情

### ポカポカちゃん（安心）

不安はなく、「なんとかなるかも〜」と思えて安心感がある状態。

**例：**「うちの子も成長したなあ」と思っているとき。

### ゆったりちゃん（平穏）

心身ともに解放されて心穏やかな状態。

**例：**お腹がいっぱいで満足しているとき。子どもの寝顔を見ているとき。

### ルンルンちゃん（喜び）

軽くスキップをしたくなるような嬉しい出来事があったとき。

**例：**子どもがほめられて嬉しいとき。はじめて歩いたなど、子どもの成長を感じたとき。

## 不快な感情

### モヤモヤちゃん（不安）

がんばっているけれど、常に満ち足りていなくて、不安を感じている状態。

**例：**「このままの状態がいいとは、思えない」など、漠然とした不安を抱えているとき。

### イライラちゃん（不満）

いろいろなことに不満を感じ、常に周りの出来事にイライラしている状態。

**例：**子どもを含む家族や自分自身が、思い通りにならないとき。

### エンエンちゃん（悲しみ）

悲しい出来事が起きたり、自分が否定されたと感じたときに出てくる感情。

**例：**パートナーと口論になり、子育てのことで意見がぶつかったり、否定されたとき。

# 感情と向き合わないと怒りが爆発する！

６つの感情（Ｐ41参照）は、心の中に常に存在しています。その割合は、人それぞれ違います。たとえば、私たちの腸内環境を整える腸内フローラの理想的なバランスは、善玉菌20％、悪玉菌10％、日和見菌70％といわれていますが、これと同じように６つの感情もおのおの心の中で絶妙なバランスを保っているのです。

たとえば、物事を肯定的に捉えることが得意な人は「ルンルンちゃん（喜び）」の割合が他の感情よりも多いとイメージするとよいでしょう。

私は、この６つの感情の中でも、「エンエンちゃん（悲しみ）」、「イライラちゃん（不満）」、「モヤモヤちゃん（不安）」の不快な感情３つをまとめて**「三大暴れん坊」**と名づけました。この三大暴れん坊の存在を無視したり、感じたくなくてフタをしてそのままにしておくと、大きくなって暴れはじめます。そしてルンルンちゃん、ゆったりちゃん、安心ちゃんを減らしてしまいます。やがて、三大暴れん坊が占める割合がどんどん多くなっていきます。

そうなると、三大暴れん坊は、他人や自分自身を責めるのが得意な**「ドロドロちゃん」**へと変形していきます。

ドロドロちゃんが自分の心を支配しているときは、自分や他の人の嫌なところにすぐに目が行きがちになり、やがて、やる気が起きなくて動きたくないといった体の不調も感じるようになります。

ここで自分の変化に気づき、感情を受け入れられればよいのですが、ここまで来ると、なかなか自分の感情と向き合うことができません。すると、ドロドロちゃんは、**最終形の「怒りの大魔神」へと変身してしまいます。**

怒りの大魔神とは、**大暴れして自分ではコントロールできないほど激しく怒っている状態のことです。**

みなさんは、子育て中、突然、どうにもならない怒りの感情に襲われ、子どもを怒鳴ってしまったり、物や家族に当たってしまったりしたことはありませんか?

感情と向き合い、感情を受け入れることができれば、コントロールできないほど激しく怒ることは減らせます。

次のページからは、この感情のメカニズム（感情の動き）を絵本のように表現しています。自分の時間をなかなか持てそうになければ、子どもと一緒に絵本のように眺めながら、感情のメカニズムを知ってみましょう。

CHCEK! 1

# ママの心が安定しているときの感情たちをのぞいてみよう!

心の中をのぞいてみると……

6つの感情の
バランスが取れている状態

## 絶妙なバランスを保っている!

心が落ち着いているときは、6つの感情が絶妙なバランスを保っています。この割合は、人によって違います。

CHCEK! 2

# ママの心がザワついているときの感情たちをのぞいてみよう！

心の中をのぞいてみると……

最近モヤモヤする……

感情のバランスが崩れ出している！
バランスがどう変わったかわかるかな？

三大暴れん坊大量発生中！

## ザワザワやモヤモヤがサイン！

心がザワザワする、モヤモヤするなどの気分のときは、感情のバランスが乱れて不快な感情が増加している可能性が高いです。

このザワザワやモヤモヤした気持ちが出てきても、さまざまな感情のバランスが崩れたことにはなかなか気がつけず、「眠いからかな？」とか「仕事や育児が忙しくて体力が落ちているのかな？」などと感情を無下に扱いがちです。

モヤモヤちゃん（不安）　イライラちゃん（不満）　エンエンちゃん（悲しみ）

**不快の感情**

不快の感情3つを合わせて三大暴れん坊と名付ける。

# 暴れん坊が
# ダークヒーロー、
# ドロドロちゃんに
# 変身！

心の中をのぞいてみると…

巨大暴れん坊でいっぱい！！

巨大化して
ドロドロちゃんに!!

**ドロドロちゃん**

エンエンちゃん、イライラちゃん、不安ちゃんが心の中に増えてくると、ドロドロちゃんに変化する。

### 三大暴れん坊が増殖しすぎると……

心の中の大半を三大暴れん坊が占めると、どんな物事も嫌なことと捉えがちになります。その状態が続くと、三大暴れん坊は変形してドロドロちゃんという、さらに偏った解釈で物事を捉えるようになってしまいます。

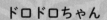

## 強大化して怒りが大爆発！

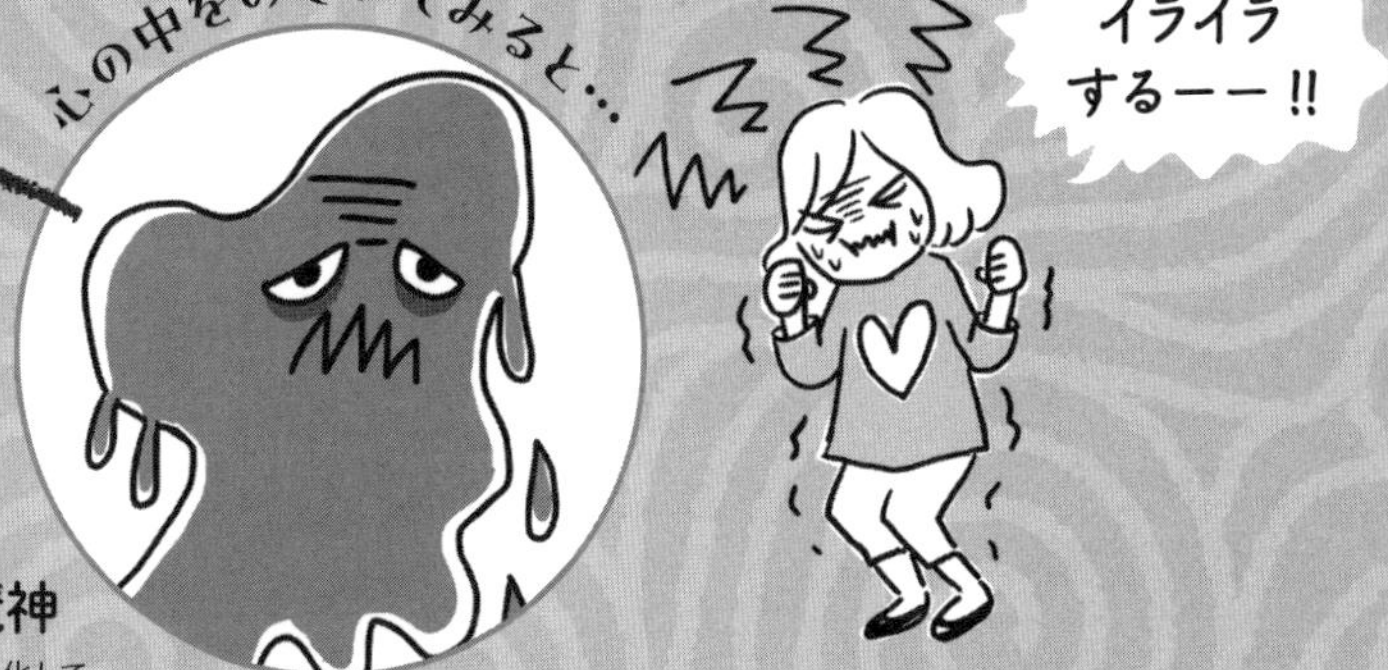


## 怒りの大魔神 降臨！

**怒りの大魔神**

ドロドロちゃんが強大化して、
怒りの大魔神となる。

## カッとして子どもを怒鳴る！物を壊す!!

**という行動で現れる！**

### 自分の感情を抑えられない

ドロドロちゃんがずっと心を占めた状態が続くとイライラなどの感情を抑えきれなくなります。しかもドロドロちゃんは、あるとき突然「怒りの大魔神」に変身して、自分では抑えきれない怒りの感情を爆発させます。

# 「ちょっとルン♪」状態がちょうどいい！

宇宙には、音のない空間もあります。テレパシーを使うので、言葉もいりません。

また、**宇宙では感情が無に近い状態が、心地よい状態です。**感情が無の状態で無重力の中をプカプカと浮かんでいるときは、なんともいえない心地よさを感じます。

ただ、この無の状態を重力のある地球で感じるのは難しく、もしかしたら仙人のように山にこもって修行したり、無の境地を感じる練習をすれば感じられるのかもしれませんが、そこまでやらなくても大丈夫です。

私がおすすめするのは「無」の状態を目指すのではなく、**「ちょっとルン♪」の状態を感じることです。**

**ちょっとルン♪とは、大きな喜びではなく、自分の気持ちがちょっとだけ快になることを指します。**「ちょっとルン♪」な気分を短縮してこう呼んでいます。

たとえば、朝、自分のためにコーヒーを入れてゆっくり飲む時間が作れたとか、いつも行列ができる人気店に行きたいと思いつつも、子どもがいるから並べないし……と思っていたのに、ある日なぜか空いていて並ばずに入れたとか。

本当にちょっとしたことでいいんです。忙しいとは思いますが、だまされたと思って、自分がちょっとだけルンルンすることを見つける意識を持ってみてください。

不思議なんですが、この些細《ささい》な喜び**「ちょっとルン♪」を繰り返し見つけていくだけで、無の状態に近い心地よい穏やかな状態になれます。**

見つけた「ちょっとルン♪」は、手帳やスマートフォンのメモなどに書いておくとよいです。

ちなみに私は、「リンゴがおいしかった」、「スズメがかわいかった」、「運転中、前の車のナンバープレートが好きな数字だった」などをメモしています。

書くことで自分の感情を客観的に見ることもできるので「あぁ、私ってここにちょっとルン♪となるのね」と自分の感情と向き合えるようになります。

自分と向き合いやすいタイミング、たとえば朝、子どもが起きてくる前など、時間を決めて書いてみましょう。

もし、やってみて書くことが難しいと感じられたなら、書くのをやめて「ちょっとルン♪」に気がつくだけでOKです。自分の無理のない範囲で続けることがポイントです。

他にも、私はパソコンに「ちょっとルン♪」という名前のフォルダを作り、時間があるときは私が「ちょっとルン♪」を感じた画像を保存しています。

気持ちが慌ただしくなって感情を整えたいと思ったときなどに、そのフォルダを見返して心を「ちょっとルン♪」状態にしています。

PART3
実践編

# HOW TO

子育てのイライラをぐっと減らす方法を紹介します。
自分でやってみて効果があったものばかりです。

HOW TO 1

イライラ度数 40%

# 心の中がザワワザワ・モヤモヤするとき

ここからはPART2で紹介した感情との向き合い方を具体的に紹介していきます。

まずは、心の中がなんだかザワザワ、モヤモヤするときにやっていただきたいのがこの方法です。

お腹の中の3つの不快な感情をイメージしながらやってみましょう！

モヤモヤ、ザワザワする不快な感情は、気づいて受け入れてあげることで小さくなります。その小さくなる感覚を得ることを目標にトライしてみましょう。子どもと一緒に遊びのひとつとしてやってみても楽しいですね。

## ①自分の中のマイナスな感情を認める

お腹の中に不快な感情たちがいると想像し、「モヤモヤちゃん、不安なんだね。よしよし！」と3回ほど声をかけ、お腹をさすりながら感情を感じる。「イライラちゃん、不満なんだね。よしよし！」「エンエンちゃん悲しいんだね。よしよし！」と同じように不快な感情すべてを感じる。

不快な感情たちがお腹にいるのを想像しにくいときは、妊婦中にお腹を触って赤ちゃんに話しかけていた頃を思い出してやってみるとよいでしょう。

## ②深呼吸を3回する

目を閉じて３回深呼吸をする。

深呼吸の吸ったり吐いたりのタイミングがわからないときは、息を３秒かけて吸い、口を閉じ、そのまま力を抜けば、自然にゆっくりと息を吐くことができます。吐ききったらまた３秒かけて吸うといった感じで進めましょう。

## ③周りのちょっとルン♪を探す

周りを見渡し、なにか自分の心がルン♪となるものを探す。

周りにちょっとルン♪を見つけられないようなら、ちょっとルン♪を見つけられるまで①〜③を繰り返すといいでしょう。

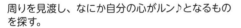

HOW TO 2

イライラ度数
60%

# イライラ・ムカムカが治まらないとき

「HOW TO 1」で紹介した自分の不快な感情を受け入れることをやり続けていても、ふとしたときに理不尽なことを言われたり、不可解な子どもの言動にイライラやムカムカした気持ちがムクムクと湧き出て、自分を落ち着かせることができないときは、感情をティッシュに吐き出してみましょう。ティッシュを使うことで、目に見えない感情を出して捨てることを可視化します。

この方法は、すっきりした気持ちになるまで、何度もやってみるとよいでしょう。

## ①ティッシュに向かって不平不満を言う

ティッシュ１枚を両手で持ち、ティッシュに向かって自分が今、イライラ、ムカムカしていることを言葉にして吐き出す。

大きな声で言葉を出すのが効果的。恥ずかしければ、小声でも OK。近くに子どもがいて言いにくいようであれば、動物の鳴き声を真似してみたり、オリジナルの言葉に変換して吐き出してみるのも◎。

## ②ティッシュを丸めて捨てる

ティッシュは、くしゃくしゃに丸めてゴミ箱に捨てる。

ティッシュは必ずくしゃくしゃに丸めてください。発した言葉が漏れてこないようなイメージです。１回でイライラなどが収まらなければ、もう一度ティッシュを手に取り、再度やってみましょう。

## ③幸せを感じる行動をする

自分が好きなケーキやお菓子などを食べるなどして、ちょっとルン♪の状態を取り戻す。

甘いものに限らず、自分の心が落ち着くものであれば、飲み物でも、香りでもなんでも OK です。

HOW TO 3

イライラ度数 120%

# 怒りが爆発しちゃったとき

子どもと関わる中で、自分で制御できないくらいの怒りが爆発してしまったことはありませんか？

私は、ありました……。

今だから笑って話せますが、当時は本当にいっぱいいっぱいでしんどくて、我が子に当たってしまったり、お皿を叩くなど、物に当たったりしていました。

P47で説明した「怒りの大魔神」のように、自分では抑えられない怒りが爆発してしまって、子どもに当たってしまったり、物に当たってしまったりしたときの対処方法をお伝えします。

## ①まず、謝る

子どもや対象物（お皿など）に対し、誠意をもって謝る。

人や物に当たってしまうと後悔しがちです。まずは、言葉に出して謝りましょう。謝ることで、怒りが残っていてもクールダウンさせることができます。

## ②トイレに駆け込む

落ち着くためには、数秒でよいので一人になる時間が必要。子どもがまだ小さければ、部屋の安全な場所にいてもらい、「ちょっと待っていてね」と言ってトイレに入る。

必ず、一人になりましょう。子どもが心配だからと一緒にトイレに行くのは効果減です。もし、子どもが一人になるのを嫌がり泣いてしまったとしても「ちょっと待っていてね！」と声がけし、5秒でよいのでトイレに入ってください。

## ③怒りをトイレを流す

トイレのフタを開け、さっき自分が起こしてしまった行動や、そのときに感じたドロドロした気持ちを思い出し、「私は悪くない、誰も悪くない」と言いながら、水を流す。流れていく水と一緒に自分のダメな行動やドロドロした思いも水に流れて消えてなくなってしまうイメージをする。

必ずトイレの水を見ながらやりましょう。流れる水をブラックホールだと思い、自分の嫌な思いや行動がすべてブラッホールに吸い込まれて完全に消え去るイメージをしてみましょう。落ち着きを取り戻す効果があります。

HOW TO 4

イライラ度数
50%

# 子どもに対して使う言葉をチェンジする！

子どもに対してついイライラして、強めの口調で子どもを叱ってしまうことはありませんか？　そのイライラ、言葉の使い方を少し変えるだけで、ぐっと減ります。

私たち、「ちいはぐ」保育園では、子どもに対して使う言葉をとても大切にしています。子どもを肯定的に捉える言葉を使うように気をつけています。

また、保育士が子どもに対して質問をするときは、子どもが自分で考えて答えを導き出せるような言葉を使っています。

**さらに、子どもをほめすぎたりしないようにもしています。**

「子どもは、ほめて伸ばす」という考え方もありますが、「ちいはぐ」保育園で働く保育士たちには、子どもをほめすぎないように意識をして欲しいと伝えています。

というのは、大人が子どもを叱ったり、ほめたりすることを続けると、子どもがその言葉にコントロールされていく傾向があるからです。

叱ったり、ほめたりすることが日常化されると、「叱られないとやめない」、「ほめられないと動けない」といった外的動機に左右されがちな子どもになります。私は、人に言われたからではなく、自分の「こうありたい」という内的動機を大切にして欲しいのです。

ＰＡＲＴ１でも伝えたように、子どもは、自分のことを自分で決める力を持っています。その力を発揮するためにも、ほめすぎないほうがよいのです。

では、どんな言葉を使ったらよいのでしょうか？

**ポイントは「ほめる」ではなく「伝える」です。**

たとえば、

「Ａ君はパズルが得意なんだね！」

「Ｂ君はかけっこしているとき、いい顔しているね」

「足が速いね！」

「かけっこが好きなんだね！」

といった具合で、その子の得意なことを伝えるだけ。

「パズルこんなに早くできたんだ！　Ａ君すごーい!!素敵〜!!」

とほめたたえるのではなく、その子の得意なことを伝えるだけでいいのです。「すごい」は受け手の感想でわかりづらく、具体的に得意なことを伝えることが「子どもの肯定的な自己認識」を形成します。

**子どもは、自分の苦手（嫌い）なことは、自分で認識しやすいのですが、自分の得意なことには気づいていないことが多いのです。**

なぜ、自分の得意がわからないのか？

それは、得意なことは、まるで呼吸をするかのように意識せずにできているので、子ども自身が気づけないのです。なので、子どもに子どもの得意なことを客観的に伝えることは、とても大切なことです。

子どもが自分の得意なことに気づかないままだと、自分の嫌なところだけに気づいている状態なので「自分はできないこと、苦手なことばかりだ……」と劣等感が増して自己肯定感が下がりがちです。さらに「こんな自分には価値がない、生まれてこなくてよかったんじゃないか？」と思ってしまうこともあります。

そうならないためにも、**子どもが「今」できていることにフォーカスし、子どもが得意なことやよいところを「伝える」意識で言葉を選んでいきましょう。**

# いつもの言葉を宇宙視点の言葉に変換！
# おすすめの言葉がけ5選

| いつもの言葉がけ ➡ 宇宙的な言葉がけ | 変換ポイント |
|---|---|
| 好き嫌いなく食べようね！ ➡ あなたが好きなもの（嫌いなもの）はどれかな？ | 指示する言葉ではなく、子どもが自分のことを知るために促すような言葉がけをしてみましょう。 |
| 泣かないで！ ➡ 泣きたいんだね | 子どものそのときの感情を受け止めるような言葉がけを実践してみましょう。 |
| 騒がないの！／うるさい！ ➡ もう少し小さい声にしてみて | 子どもに何をやめて欲しいかを伝えるのではなく、どうして欲しいかを具体的に伝えましょう。 |
| 変なことしないで！／変なこと言わないで！ ➡ 面白いことをするね／面白いことを言うね | 子どものことを否定するような言葉は使わず、肯定する言葉を使いましょう。 |
| 全部食べて！ ➡ ひと口食べてみて | 子どもが小さなことにチャレンジ（スモールステップ）するための声がけをしてみましょう。 |

# おわりに

私は、地球最強の職業は「おかあさん」ではないかと思っています。なぜなら、どんなに活躍している人も、育ててくれる「おかあさん」や「おかあさん」的存在がいたことで大人になれたからです。

日本の国が定める「保育所保育指針」には保育所の役割として「保育所における環境を通して、養護及び教育を一体的に行うことを特性としている」と示されています。さらにこの「養護」については「子どもの生命の保持及び情緒の安定を図るために保育士等が行う援助や関わり」と示されています。この「養護」って「おかあさん」がやっていることとほぼ同じですよね。

よく「おかあさん」と保育士の違いを聞かれますが、私は「保育士は同じ年齢の子どもを複数人と同時に関わることができる専門性を持っています」とか「保育士は子どもの発達等の専門知識を持ち、子どもの発達の見通しを持って保育計画を立て、一人ひとりの子どもの生活を通して発達を保障していく専門職です」などと説明しています。

さらに「保育士には保育士の専門性がありますが、子ども一人ひとりの専門家はその子のおかあさんですよ」ともお伝えしています。子どもが一番大好きなのはおかあさんです。これは、保育士がどんなにがんばっても、超えることはありません。どんなに保育園ですごす時間が長くても、一番子どもとつながっているのは「おかあさん」です。そういう意味では子どもが「おかあさん」の専門家なのかもしれませんね。

今は、慌ただしい毎日がこれからもずっと続くようで途方もない気持ちになっているかもしれないけれど、子どもはどんどん成長していきます。おかあさんがどんなに自分をダメだと思っても、自分のことを嫌いになっても、子どもはおかあさんが好きです。どんなおかあさんのことも、まるごと大好きなのです。

なので、そんな子どもの愛を、ただ受け取ってください。一日の終わりに子どもの寝顔を見たときに「おかあさんを好きでいてくれて、ありがとう。」と呟《つぶや》いてみてください。気持ちが少しあたたかくになると思います。

この本は、最初に企画を立ててから、7年以上の月日をかけて完成しました。何度も企画内容を作り直しながらこの本が生まれました。私に寄り添い、サポートしてくださった編集者の吉村ともこさん、私の保育の礎を作ってくださった㈱マミーズファミリーの代表 増田かおりさん、「宇宙人保育士」を名乗るきっかけを作ってくださった㈱夢を叶える学校の代表 武田葉子さんに心から感謝しています。

そして、私のおかあさん。私に体験を通して子どもの特徴を学ばせてくれたことに感謝しています。私はだいぶ変わった子で、あれこれと心配をさせたけれど、悩みながらも根気強く私を育ててくれてありがとう。おかあさん、大好きです。

紀乃のりこ

## 紀乃《きの》のりこ

宇宙人保育士。株式会社チャイルド・スマイル 代表取締役。
山梨県生まれ。就学前から「子ども達のために働く」と決め、教員を目指して進学した塾のアルバイト講師を経験したことから、教育のしくみづくりを志す。その結果、システムエンジニアとして就職するが、子どもと直接かかわりたい想いが強くなり、退職。その後、保育士資格を取得し、2012年に㈱チャイルド・スマイルを設立。2年間で5つの小規模保育園「ちいはぐ」を創った（現在は3園を運営）。保育士としての仕事以外にも宇宙からのメッセージを伝える仕事もしている。プライベートは2児の母。

Instagram：
@kinochan89

YouTube チャンネル:
「宇宙人保育士きの」



Staff
デザイン　原沢もも　大池てるみ
イラスト　Nobby
編集　ひょっとこ production

Special Thanks
浜村真由美
宇宙人保育士きのの初出版応援隊

宇宙人保育士が伝える！
# 心がちょっと軽くなる子どもとの関わり方

発行日　2023 年 11 月 30 日　初版第1刷発行

著者　紀乃のりこ
発行・編集人　吉村ともこ
発行所　ナナタコ社（ひょっとこ production）
〒 105-0014
東京都港区芝 2-12-13-302
TEL：03-6874-7248
nanatako
発売　株式会社メディアパル（共同出版者・流通責任者）
〒 162-8710
東京都新宿区東五軒町 6-24
TEL：03-5261-1171
印刷所　三共グラフィック株式会社

定価は表紙に表示してあります。





ISBN978-4-8021-3428-6